श्री गोबर

NOTION PRESS

India.

Published by Notion Press 2022

ISBN 9798888497876

श्री गोबर

(The Gobar)

दीपक कुमार पाण्डेय

समर्पित

अपने माता और पिता को जिन्होने

मुझे इतनी खूबसूरत जिंदगी दी

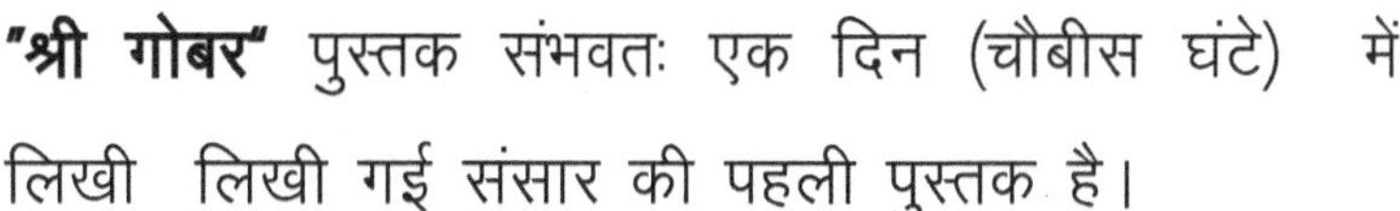

"श्री गोबर" पुस्तक संभवतः एक दिन (चौबीस घंटे) में लिखी लिखी गई संसार की पहली पुस्तक है।

"श्री गोबर" पुस्तक गोबर को सम्मान दिलाने के लिए लेखक द्वारा किया गया साहित्यिक कार्य है लेखक के शब्दों में *यह मेरी 24 घंटे की साहित्य साधना है।*

रचनाकार का परिचय :

दीपक कुमार पाण्डेय मैकेनिकल इंजिनियरिंग से ग्रेजुएट तथा प्रबंधन में पीजी हैं। वर्तमान में दीपक भारत हेवी इलेक्ट्रिकल्स लिमिटेड मे अभियंता के रूप में कार्यरत हैं। इंजीनियर होने के साथ साथ ये उपन्यासकार,निबंधकार,कवि,पर्यावरणविद, व्याख्याता तथा विश्व कीर्तिमानक भी हैं।

दीपक कई राष्ट्रीय प्रौद्यौगिकी संस्थानों तथा विश्वविद्यालयों में अपना व्याख्यान दे चुके हैं। इन्होने अपनी छोटी आयु में ही कई विश्व–रिकार्ड बना चुके हैं। दीपक दुनियाँ के पहले इंसान हैं जिन्होने लगातार तीन साल लिम्का बुक ऑफ रिकॉर्ड्स में अपना नाम दर्ज किया है। इन्होने सन 2015, 2016 तथा 2017 में लिम्का बुक ऑफ रिकॉर्ड्स में अपना नाम पंजीकृत कर एक नया इतिहास बनाया है। **आज की तिथि तक श्री दीपक कुमार पाण्डेय के नाम साहित्य के क्षेत्र में 13 विश्व रिकार्ड्स पंजीकृत हो चुके हैं।** जिनके नाम लिम्का बुक ऑफ रिकॉर्ड्स,वर्ल्ड रिकॉर्ड्स इण्डिया, यूनीक वर्ल्ड रिकार्ड्स,एशिया बुक ऑफ रिकार्ड्स तथा इंडिया बुक ऑफ रिकार्ड्स आदि हैं। 37 वर्षीय दीपक की ये 14वीं पुस्तक है। **दीपक द्वारा लिखी गई 2 तकनीकी पुस्तकों को भारत सरकार के उपक्रमों द्वारा भी सम्मानित किया जा चुका है।**

दीपक कुमार पाण्डेय द्वारा रचित पुस्तकें

- **भास संविधान का काव्यानुवाद** (लिम्का बुक ऑफ रिकॉर्ड्स में पंजीकृत)
- **भारत गणराज्य–पद्यावली** (लिम्का बुक ऑफ रिकॉर्ड्स में पंजीकृत)
- **प्रणाम महात्मा** (लिम्का बुक ऑफ रिकॉर्ड्स में पंजीकृत)
- **मेरी कुछ कविताएँ**
- **बरगदानाथ (उपन्यास)**
- **सम्पूर्ण बरगदानाथ (उपन्यास)**
- **तालाब कहे पुकार के** (तकनीकी पुस्तक) – भारत सरकार के उपक्रम द्वारा पुरस्कृत
- **कचरे का विज्ञान :** (तकनीकी पुस्तक) – भारत सरकार के उपक्रम द्वारा पुरस्कृत
- **ऋषभराज :** एक नर–गोवंश की कथा
- **भारतीय संविधान : एक जीवंत दस्तावेज**
- **अनोखा पत्र :** भारत के माननीय प्रधानमंत्री जी को लिखे गए पत्र का मुद्रण रूप (**संसार का सबसे बड़ा पत्र–विश्व रिकार्ड 2020)**
- **सिंहराज** (सिंह का शारीरिक, मानसिक एवं सामाजिक विश्लेषण)

विज्ञान या छलावा

आज मेरे पास मोबाईल,इंटरनेट,जीपीएस ट्रैकिंग डिवाइस, टीवी, रेडियो एवं मोटरकार जैसे आधुनिक विज्ञान के कई साधन हैं। संसार में बड़े–बड़े वायुयान, जलयान सैटेलाइट जैसे प्रमुख प्राद्यौगिकी आविष्कार भी हो चुके हैं। इनका इस्तेमाल भी अंधाधुंध हो रहा है। ऐसा लग रहा है जैसे हमने प्रकृति पर विजय प्राप्त कर ली है। वर्तमान में शायद हम विज्ञान के क्षेत्र में एक उन्नत चोटी पर हैं।

बात सही है ...., हमने तरक्की तो बहुत कर ली है। लेकिन प्रकृति का क्या ?......क्या हमने वायु,जल, मिट्टी को प्रदूषित करने से छोड़ा है ?.......अन्दर से आवाज आती है –नहीं। हमने अपनी गतिविधियों से प्रकृति का संतुलन बिगाड़ दिया है। नदियों को गन्दा कर डाला है। खेतों की उपजाऊपन क्षमता नष्ट कर डाली है। वायु को भी इतना प्रदूषित कर दिया है कि हम चैन से सांस भी नहीं ले सकते। ये सब कुकृत्य हमने सौ–दो सौ वर्षों के भीतर ही किया है।

इन सभी बातों को सोचकर एक महत्त्वपूर्ण सवाल पैदा होता है। यदि मानव सभ्यता हजारों वर्षों से जीवंत बनी हुई है तो ऐसा असंतुलन पहले क्यों नहीं हुआ ?... इस प्रश्न का तुरंत ही एक सीधा उत्तर आ जाता है – ....मानवीय विकास करने के लिए प्रकृति का दोहन आज बहुत तीव्र गति से हो रहा है जबकि ऐसा पहले बिल्कुल नहीं किया जाता था।

मैं मानता हूँ कि हमारा पुरातन विज्ञान आज के विज्ञान से कई गुना आगे था। हरएक प्राचीन तकनीकियां और परम्पराएँ धारणीय विकास पर जोर देती थी। धारणीय विकास का मतलब है– प्रकृति को नुकसान पहुंचाए बगैर मानवीय जीवन में खुशहाली बनाये रखना। हमारे पास पुरातन विज्ञान के हजारों उदाहरण हैं। धारणीय विकास का सर्वो उत्कृष्ट उदाहरण गोबर ही है।

श्री गोबर

गोबर गोवंश का त्याज्य पदार्थ है परन्तु इसका गुणधर्म बहुत ही व्यापक है। यह बड़े स्तर पर मानवों सहित समस्त जैविक अथवा अजैविक इकाइयों को लाभान्वित करता है चलिए, हम सभी गोबर से सम्बंधित जानकारी ग्रहण कर धारणीय विकास का मार्गदर्शन प्राप्त करते हैं।

बहुत बहुत धन्यवाद

– दीपक कुमार पाण्डेय

आमुख

गोबर किसी परिचय का मोहताज नहीं है। गोबर अपने आप में ही पूर्ण है। गोवंश द्वारा प्रदत्त यह अद्‌भुत द्रव्य त्याज्य होते हुए भी असाधारण है। **"श्री गोबर"** पुस्तक में गोबर की असली परिभाषा, उसके महत्त्व तथा गोबर से नाना प्रकार के बनाने की उत्पाद बनाने की प्रक्रियाओं पर परिचर्चा की गई है।

इसमें प्राकृतिक और कृत्रिम उर्वरकों का भी तुलनात्मक अध्ययन किया गया है। पुस्तक गोबर उत्पादों के इतिहास तथा उसके आध्यात्मिक दृष्टिकोण को भी दर्शाती है। कई वैज्ञानिक तथ्यों का सन्दर्भ देते हुए गोबर के हरएक पहलुओं पर चर्चा की गई है।

इस पुस्तक को लिखने के लिए प्रेरित करने वाले सभी सहयोगियों, मित्रगण तथा गुरुजनवृन्दों का बहुत–बहुत धन्यवाद। आशा करता हूँ कि **श्री गोबर** पुस्तक आप सभी को अवश्य पसंद आयेगी।

आपके राय अथवा फीडबैक की प्रतीक्षा रहेगी।

धन्यवाद ।

रचनाकार एवं संकलनकर्ता
(दीपक कुमार पाण्डेय)

विनम्र निवेदन

"श्री गोबर" पुस्तक लिखने का मूल उद्देश्य गोबर जैसे प्राकृतिक स्वयंभू पदार्थ का गुणगान करना है। यदि पुस्तक के किसी अंश में किसी धर्म, समुदाय या व्यक्तिगत स्तर पर किसी को भी दुःख पहुंचता है तो मैं व्यक्तिगत तौर पर बहुत क्षमा प्रार्थी हूँ। मेरा ध्येय केवल गोबर का गुणगान करना है और कुछ नहीं।

गोबर दर्शन

"मल" प्रत्येक जीव का वर्ज्य पदार्थ (waste product) है। इसे जीव पाचन क्रिया के पश्चात अपने मलद्वार से निकाल देता है। विज्ञान की दृष्टि से प्रत्येक जीव अपने वजन का लगभग 8 प्रतिशत खाद्य पदार्थ ग्रहण करते हैं। इसी भोजन से जीवों को ऊर्जा मिलती है।

रोग प्रतिरोधक तत्व भी मिलता है। अंत में ये भोजन मूत्र मार्ग से मूत्र के रूप में तथा गुदा मार्ग से मल के रूप में निकल जाता है। श्वसन मार्ग से कार्बन डाइ आक्साइड त्यागते समय भी कार्बन का त्याग भोजन ग्रहण करने के कारण ही संभव हो पाता है।

प्रत्येक जीव अपने वजन का 8 प्रतिशत भोजन करके नियमित रूप से 1 प्रतिशत मल त्यागते रहते हैं। प्रत्येक जीव के मल के गुणधर्म अलग–अलग होते हैं। ये इस बात पर निर्भर करता है कि संबन्धित जीव का ग्राह्य पदार्थ क्या था ..? मल से घृणा और अपशिष्ट जनन का सीधा–सीधा संबंध है। हमें जब किसी द्रव्य से घृणा भावना रहेगी तो उस द्रव्य का उपयोग करने का विचार नहीं आयेगा।

मानव मल के संबंध में ये विचार अस्पृश्यता को बढ़ावा देता है। लेकिन मानव भी एक अजीब प्राणी है। उसे अपने मल से भले घिन आए किन्तु दूसरे जीवों के मल में वह समृद्धि के रास्ते खोजता है। गोबर उसका जीता जागता उदाहरण है। हमें गोबर जैसे महाद्रव्य की अध्ययन करना आवश्यक हो गया है जो वर्षों से मानवों को लाभान्वित कराते आये हैं। ये भी सत्य है कि अपने अनगिनत पूर्वजों ने गोबर से ही अपना जीवन–यापन किया और स्वयं को समृद्ध भी बनाया।

श्री गोबर

इस सृष्टि में गोवंश ही ऐसा जीव है जिसके मल को मानव सबसे अधिक सम्मान देता है। बात केवल सम्मान की नहीं है ....। बात है.......उसे दैनिक जीवन में अपनाने की, ...उसके गुणों को आत्मसात करने की।

साधारण बोलचाल में हम गुड़–गोबर व गोबर–गणेश जैसे मुहावरे अक्सर बोला करते हैं। अज्ञानता के कारण इसका नकारात्मक अर्थ मान लिया जाता है। किन्तु सत्य तो ये भी है कि हिंदुओं के अधिकांश मांगलिक कार्यक्रमों में गोवंश के मल का इस्तेमाल भूमि लेपन किया जाता रहा है। भारत में ठोस गोबर से बनी महागौरी की प्रतिमा पूजन का भी विधि–विधान रहा है।

गोबर खाद का नाम बदलकर **"मृदा सुधार एवं उर्वरता प्रदायक"** रख देना चाहिए।

गोबर मल नहीं अपितु **परम सक्रिय तत्वों** का मिश्रण है जो नाना प्रकार से मानवों को लाभान्वित कर सकता है।

पर्यावरण संतुलन का गुणधर्म सँजोकर गोबर सम्पूर्ण जैविक इकाईयों को पोषकता पहुँचाता है।

गोवंश का मल की वास्तव में गोबर है ....इसके अतिरिक्त भैंस, ऊँट अथवा बकरी का मल विष्ठा है। इसे गोबर कहना व्याकरण की दृष्टि से भले सही हो किंतु वैज्ञानिक दृष्टिकोण से अनुचित है।

विषय सूची

महाद्रव्य

गोमय ....अर्थात गोबर । नाम लेते ही मन गोवंश के मल की छवि उभर आती है .... गोबर कुछ अलग पदार्थ नहीं है...... यह मल ही है अर्थात विष्ठा ....। मल से घृणा भाव रखना हमें समाज ने सिखाया है लेकिन गोबर कुछ अलग ही है । मल होते हुए भी भारतीयों के मन में किंचित भी घृणा या गंदगी की भावना पैदा नहीं होती।

गोबर हमें गोवंश से प्राप्त होता है वैज्ञानिक भाषा में जिसे ज़ेबू या (*Bos primigenius indicus*) या बोस इंडिकस कहा जाता है। भारत में शायद ऐसा कोई हो जो गोवंश को ना जानता हो। गोवंश अर्थात गाय, वृषभ गोवंश दिव्य जीव होते है...ये भारतीय उपमहाद्वीप की धरती पर गोवंश उच्च तापमान आसानी से सहन कर लेते हैं। नर एवं मादा के रूप में ये गोवंश अपनी श्रम शक्ति और त्याज्य पदार्थ मानव के लिए आकर्षण के केंद्र बिन्दु माने जाते रहे हैं। मानव गोदुग्ध,गोमूत्र तथा गोबर की महत्ता समझता है इसलिए मानवों द्वारा सदियों से गोवंश पाला जाता रहा है।

भारत में पशुपालन की परम्परा सनातन चली आ रही है। गोपालन उसमें सबसे महत्त्वपूर्ण माना जाता रहा है। सर्भौमिक सत्य है कि मानव विकास में गोपालन के योगदान को नज़रअंदाज नही किया जा सकता। अर्थव्यवस्था की दृष्टि से देखा जाए तो कृषि एवं पशुपालन एकदूसरे के पूरक दृष्टिगोचर होते हैं। भारत में गोवंश की जनसंख्या बीस करोड़ से भी अधिक है। यह संख्या गोपालन की महत्ता को प्रदर्शित करती है। गोवंश की मादाएँ हमें भोज्य पदार्थ के रूप में गोदुग्ध उपलब्ध कराती हैं जिसके कारण कम उन्हें गौमाता कहकर संबोधित करते हैं।

गोवंश अन्य जीवों की भाँति गोबर एवं मूत्र का परित्याग करता है। गोबर गोवंश के लिए भले की त्याज्य हों किंतु मानवों के लिए यह बिल्कुल भी त्याज्य नहीं है....। इस चराचर जगत में गोबर जैसा कोई द्रव्य नहीं हो सकता। गोबर में उपलब्ध महत्त्वपूर्ण तत्व खेती के लिए अमृत के समान हैं। गोबर के सह–उत्पाद भी मानव को लाभान्वित किया है गोबर का हर रूप मानव के लिए उपयोगी है।

सदियों पहले जब तकनीकियाँ इतनी विकसित नहीं थी तब मानवों द्वारा गोबर को गोवंश का प्राणभूत तत्व मान लिया गया था। भारतीय समाज गोबर से होने वाले लाभ से भलीभाँति परिचित था इसीलिए आज भी मानव गोबर से आर्थिक लाभ प्राप्त कर रहा है।

सनातन से ही मानवों ने गोमय का महत्त्व जान लिया था। यही कारण है क़ि में वेद,पुराण,उपनिषद,वेदांग जैसे ग्रन्थों में गोवंश अथवा गोबर की महत्ता का वर्णन मिलता है।

वेदवाक्य **'गावो विश्वस्य मातरः'** भावावेश में लिखा गया शब्द नहीं है ......गाय विश्व की माता है। अर्थात जो जीव गोदुग्ध,गोमूत्र अथवा गोबर जैसा अद्भुत द्रव्य प्रदान करती हो

वह माता के समान है।.....इसको जीवनदायनी शब्द से भी परिभाषित किया जा सकता है......गोमूत्र रोगियों को जीवन देता है.......गोदुग्ध पौष्टिकता प्रदान कर मानवों को स्वस्थ रखता है..... गोबर मृदा को जीवंत रखता है। यही कारण है कि गोवंश को भारतवर्ष की सभ्यता एवं संस्कृति की मेरुदण्ड माना गया है जिसमें गोबर की महत्ता एक विशेष मायने रखती है।

समाज में गोबर को मल के दृष्टिकोण से भी देखा जा सकता है। जो गोबर को मल समझेगा वह निश्चित रूप से गोबर को निकृष्ट द्रव्य समझकर उसका अपमान करेगा। लेकिन विज्ञान और तर्क को समझने वाला सदा गोबर को विशेष द्रव्य मानता है। हमें गोबर से घृणा करने वालों को जैविक खेती अथवा आर्गेनिक फार्मिंग के लाभ को बताकर उनकी देनी अज्ञानता दूर कर चाहिए।

गोबर के द्वारा भौतिक सुख–समृद्धि की प्राप्ति हुई ही है। स्वावलंबी बनाने में गोबर की भूमिका को नकारा नहीं जा सकता। गोबर ने ही खेती तथा पशुपालन को एक दूसरे के पूरक बनाया है। आज भी हम मानते हैं कि भारतीय कृषि प्रबंधन का केंद्र बिंदु गोबर ही है।

खाद के रूप रासायनिक पदार्थों के खोज के बावजूद भी आज का विज्ञान गोबर से होने वाले लाभ की बराबरी नहीं कर सकता। गोबर आधारित समस्त कृषिकर्म पर्यावरण हितैषी हैं। जबकि रासायनिक खाद पर्यावरण को नुक्सान पहुंचाता है। गोबर का सदुपयोग करना स्वयंपोषित होने वाली लोकोपकारी व्यवस्था है। गोबर अपने आप में पूर्ण है.............. सनातन है।

भारतीय गावों में एक प्रसिद्ध कहावत सुनाई देती है – **हींग लगे न फिटकरी, रंग चढ़े चोखा**। इसका अर्थ है–बिना किसी खर्च के लाभान्वित होना। गोबर उसका प्रत्यक्ष उदाहरण है गोबर। को बनाने के लिए ग्रामीण जनों को कुछ भी खर्चा नहीं करना पड़ता क्योंकि यह गोवंश का त्याज्य पदार्थ है इसलिए यह

निशुल्क उपलब्ध हो जाता है। यह भी सत्य है कि 1950 के पहले भारत वर्ष में केवल गोबर खाद का इस्तेमाल किया जाता था। लेकिन बाद में केवल रासायनिक खाद इस्तेमाल किया जाने लगा। इसका मतलब यह हुआ कि सन 1950 के पहले खेतों में खाद प्रदान करने की जिम्मेदारी केवल गोबर पर ही थी।

भारतीय कृषिकर्म 20000 सालों से भी अधिक पुरानी है। इससे साफ साफ यह निष्कर्ष निकाला जा सकता है कि कृषि कर्म में गोबर का कोई पूरक हो ही नहीं सकता। वास्तव में प्राकृतिक खेती का यही सही उदाहरण है। बिना किसी लागत की खेती या जीरो बजट खेती या जैविक खेती गोबर के द्वारा ही पूरी हो सकती है।

भारत में ग्रामीण लोग हमेशा गोबर आधारित कृषिकर्म अपनाते आ रहे हैं। भारत में कृषि कर्म एक विशिष्ट परंपरा रही है। जिसमें गोबर एक महत्वपूर्ण भूमिका अदा कर रहा है। किसानों को यह बात मालूम थी कि खेत को उर्वर बनाने का काम केवल गोबर ही कर सकता है। इसीलिए सनातन से ही किसानों ने गोबर को खाद बनाने के लिए अधिकाधिक इस्तेमाल किया। उन्होंने ईंधन के रूप में उसका इस्तेमाल किया। लेकिन गोबर का सबसे अधिक इस्तेमाल केवल खाद बनाने के लिए ही किया।

पर्यावरण संतुलन की बात करें तो गोबर और कृषिकर्म इस बात का प्रमाण देते हैं कि पर्यावरण संतुलन केवल गोबर ही कर

सकता है क्योंकि गोवंश वनस्पतियों को ग्रहण करके उसको उसको गोबर में तब्दील कर देता है। गोबर पुनः मिट्टी की उर्वरा क्षमता बढ़ाकर वनस्पतियों को उत्पादन कर देती है।

आदर्श असंतुलन की स्थिति होना तो असंभव है.......... फिर भी यह कह सकते हैं कि मिट्टी की उर्वरा शक्ति यथावत बनी रहती हैं। इसे धारणीय विकास का अनन्य उदाहरण भी मान सकते हैं विचित्र बात है कि इस चराचर जगत में करोड़ों जीव नियमित रूप से मल पैदा करते हैं। लेकिन मानवीय दृष्टिकोण में गोबर सबसे महत्वपूर्ण है इसका कारण गोबर का गुणधर्म है............ और कुछ नहीं।

गोबर का कोई निश्चित भौतिक रूप नहीं है ....गोवंश के भोजन के अनुसार गोबर की भौतिक अवस्था में बदलाव देखा जाता है। जिस गोबर में घास, भूसे, अन्न के दानों के टुकड़े आदि विद्यमान होते हैं वह गोबर सर्वाधिक सक्रिय तथा उपयोगी होता है।

फसल वनों से पृथक है। यह भी बात सोचने योग्य है कि वनों को कभी खाद की जरूरत क्यों नहीं पड़ती ? वनो को खाद कहाँ से मिलता है ??? उत्तर स्पष्ट है.......वनों की सूखी पत्तियाँ स्वयं पतित होकर मिट्टी की उर्वर क्षमता बढ़ती रहती है । इसका मतलब ये हुआ कि कार्बन के रूप में कार्बनिक पदार्थ तथा

सेलुलोज एक निश्चित समय अंतराल पर ही पुनःचक्रित होते रहते हैं। वन फसलों की तरह बार–बार कट नहीं जाते ....यही कारण है कि वनों की उर्वरक क्षमता बनी रहती है जबकि खेतों की उर्वरा क्षमता घट जाती है। अतः खेतों की उर्जा और उर्वर क्षमता बनाए रखने के लिए हमें ऐसे विशिष्ट द्रव्य की आवश्यकता पड़ेगी जो मिट्टी को समय–समय उर्वर बनाए रखें। इसके लिए जिस विशिष्ट द्रव्य की जरूरत पड़ेगी वह है– गोबर। अतः इसे विशिष्ट द्रव्य कहने में जरा भी संकोच नहीं करना चाहिए।

त्याज्य या ग्राह्य

हम पहले ही चर्चा कर चुके हैं कि गोबर गोवंश का त्याज्य पदार्थ है। लेकिन फिर भी गोबर उपयोग करने योग्य है कि नहीं ??? गोबर गोवंश के लिए त्याज्य है लेकिन मानव के लिए नहीं अपनाने योग्य है यह दृष्टांत हमारे मन में ही बसा हुआ है। हमारा विकास भी दूसरे के जीवन या उसके त्याज्य पदार्थों पर ही निर्भर रही है। उदाहरण के तौर पर– वनस्पतियों द्वारा त्याज्य किया गया ऑक्सीजन रूपी मल हम श्वसन में ग्रहण करते हैं और हम जिंदा रह पाते हैं। वास्तव में आक्सीजन वनस्पतियों का त्याग पदार्थ है। वनस्पतियाँ हमारे द्वारा त्यागी गई कार्बन डाई आक्साइड ग्रहण करती हैं और हम उनका आक्सीजन.........। मानव ने वनस्पतियों के अलावा जीवों के भी त्याग पदार्थों को अपनाया और आर्थिक रूप से लाभान्वित हुआ। गोबर भी उन त्याज्य पदार्थों में से एक है।

गोबर को मल ना मानकर एक विचित्र द्रव्य माना जाए तो हमें ये पता चलता है कि गोबर में 16 से अधिक प्रकार के खनिज तत्व हैं। यदि गोबर में 16 प्रकार के खनिज तत्व हैं तो इतने अमूल्य द्रव्य को मिट्टी अर्थात खेतों तक पहुंचाना भी हमारी जिम्मेदारी है। इन उपयोगी तत्वों को अप्रत्यक्ष रूप से अपने जीवन में सम्मिलित करना भी हम लोगों की जिम्मेदारी है। इस जिम्मेदारी को हमने सनातन से पूरा भी किया है। हम इसी त्याज्य पदार्थ को खाद के रूप में उपयोग किया .... और कीटनाशक के रूप में अपनाया ...., हमने गोबर को ईंधन तथा औषधि के रूप में भी प्रयोग किया।

हम गोबर जैसे अमूल्य द्रव्य का प्रयोग करते चले आ जा रहे हैं। गोबर हमें नाना प्रकार के लाभकारी उत्पाद उपलब्ध कराता

है। गोबर के साथ हम जितने भी प्रयोग करेंगे गोबर सदैव एक नए द्रव्य के रूप में परिणित होकर हमें लाभान्वित करता रहेगा।

समाधि खाद – गोबर जैसा विचित्र द्रव्य मृत मवेशियों के सींग को भी खाद बना देता है। उदाहरण के तौर पर– सींग में गोबर भरकर मिट्टी में दबाने पर कुछ महीनों बाद मिश्रण सींग सहित खाद में परिणित हो जाती है। इसको समाधि खाद अथवा सींग खाद भी कहा जाता है।

यदि किसान रसायनिक खाद की बजाय गोबर खाद का प्रयोग करें तो उसका खेत सदैव उर्वर बना रहता है। गोबर खाद से अनाज उत्पादन में भी बढ़ोत्तरी दृष्टिगोचर की जा सकती है। गोबर को हमें ठीक से जानना होगा। गाय के गोबर का उदाहरण लेते हैं ....इसमें लगभग 86 फीसदी तरल द्रव पाया जाता है तथा शेष 14 प्रतिशत ठोस अपशिष्ट होता है। गोबर में खनिजों की भरपूर उपलब्धता है। इसमें पाए जाने वाले मुख्य तत्व निम्नलिखित हैं –

- फास्फोरस,
- नाइट्रोजन,
- चूना,
- पोटाश,
- मैंगनीज़,
- लोहा,
- सिलिकन,
- तथा ऐल्यूमिनियम

इसके अतिरिक्त अल्प मात्रा में आयोडीन, कोबाल्ट, मोलिबडिनम इत्यादि भी पाया जाता है।

गोबर बहुत ही सक्रिय द्रव्य है। गोवंश के गोबर की बात करें तो हम यह पाते हैं कि गोवंश के 1 ग्राम गोबर में 300 करोड़ से

अधिक संख्या में जीवाणु पाए जाते हैं। अनगिनत सूक्ष्म जीवाणुओं की उपस्थिति का मतलब है– अत्यधिक उर्वर क्षमता पैदा करने वाला द्रव्य। यदि 1 ग्राम गोबर को खेतों में डाल दिया जाए तो गोबर के साथ–साथ 300 करोड़ से अधिक जीवाणु उस खेत में पहुंच जाएंगे जो तत्काल उस मिट्टी के रसायनों को खत्म करना प्रारंभ कर देंगे। गोबर मिट्टी की उर्वरा शक्ति को बढ़ाता है। गोबर मिश्रित मिट्टी में जल की उपस्थिति जीवाणुओं की संख्या और भी बढ़ाने में मददगार है। साधारण शब्दों में – गोबर खाद खेतों की मिट्टी में जीवाणुओं की संख्या को संवर्धित कर मिट्टी को उर्वर बनाने में कोई कसर नहीं छोड़ता।

ऐसा देखा गया है कि खेती मिट्टी की 6 से 8 इंच की गहराई जीवाणुओं की उपस्थिति होती है। इतनी गहराई में खाद की खास आवश्यकता होती है। गोबर इतनी ही गहराई तक मिट्टी के साथ मिश्रित होकर जीवाणुओं को पोषित करता रहता है। इस प्रकार पौधों को लगातार उर्वरता मिलती रहती है। गोबर खेतों की मिट्टी में नमी बरकरार रखता है। अप्रत्यक्ष रूप से गोबर जल संचयन का भी कार्य करता है। कमाल है ये – गोबर।

गोबर ऊष्मा का कुचालक है। यह मृदा के मिश्रित होकर खेत की मिट्टी को गर्म होने से बचाता है। यही कारण है कि गोबर खाद मिट्टी की ऊपरी सतह का तापमान बढ़ने नहीं देता जिससे खेतों की नमीं अधिक समय तक बरकरार रहती है।

यदि गोबर को सुखा दिया जाए तो यह ईंधन के रूप में परिवर्तित हो जाता है। ईंधन का यह रूप ठोस ईंधन होता है। यदि गोबर में वनस्पतियों के सूखे छिलके मिला दिया जाएँ तो अव्वल दर्जे की ठोस ईंधन तैयार हो जाती है। गोबर में एक विशेष गुण और भी है। यह गोबर गैस अर्थात बायो गैस ईंधन भी तैयार कर देता है।

जब गोबर में इतने गुण हैं तो गोबर को त्याज्य पदार्थ करना उचित नहीं है। इसको उपयोगी द्रव्य कहना ज्यादा उचित रहेगा। अतः हम यह कह सकते हैं कि गोबर त्याज्य पदार्थ नहीं है। गोबर कल्याणकारी द्रव्य है। मानवीय संदर्भ में यह निश्चित रूप से हमें लाभान्वित करने वाला अद्‌भुत एवं विचित्र पदार्थ है। गोबर को समझने के बाद ये ज्ञान होता है कि गोबर का कार्य केवल मानव को लाभान्वित करना ही है।

ऊर्जा का भंडार

गोबर ऊर्जा का भी एक रूप है। चूँकि यह कार्बनिक पदार्थों का मिश्रण है अतः इसका ठोस ईंधन होना लाजमी है किंतु गोबर द्वारा जनित बायो गैस अथवा "गोबर गैस" गोबर को और भी विशिष्ट बनाती है। गोबर गैस को वैज्ञानिक भाषा में "बायोगैस" कहते हैं। गोबर गैस की निम्न विशेषताएँ हैं –

- बायोगैस एक स्वच्छ ईंधन का गैसीय रूप है।
- गोबर गैस के जलाने पर प्रदूषण नहीं होता।
- यह गैस पर्यावरण हितैषी है।
- गोबर गैस में ज्वलनशील गैस मिथेन की प्रतिशतता 55 से अधिक होती है।

गोबर गैस ईंधन का कैलोरी मान काफ़ी उच्य होता है। एक घनमीटर गोबर गैस लगभग साढ़े चार हज़ार (4500) किलो कैलोरी ऊर्जा उत्पन्न होती है। गोबर गैस जैसे ईंधन का घरेलू अथवा व्यवसायिक इस्तेमाल नाना प्रकार से किया जा सकता है। उदाहरण के तौर पर –

- भोजन पकाने के लिए गोबर गैस उपयुक्त ईंधन है।
- रोशनी करने के लिए भी गोबर गैस सर्वोत्तम है।
- गोबर गैस से द्विईंधनीय इंजन भी चलाया जा सकता है जिससे वाटर पंपिंग अथवा विद्युत का जनन किया जा सकता है।

एक रिपोर्ट के अनुसार देश में गोबर की मात्रा इतनी अधिक है कि उतने गोबर से एक करोड़ से अधिक घरेलू गोबर गैस संयत्र लगाए जा सकते हैं। भारत सरकार के नवीन एवं नवीकरणीय ऊर्जा मंत्रालय के आँकड़ों के अनुसार लगभग आधे

करोड़ भारतीय नागरिक घरेलू स्तर पर बायोगैस संयंत्र की स्थापना कर चुके हैं।

गोबर गैस की शक्ति – किसी ईंधन के 1 ग्राम द्रव्यमान को वायु अथवा आक्सीजन की उपस्थिति में जलाने पर जो ऊष्मा ऊर्जा उत्पन्न होती है उसे उस ईंधन का ऊष्मीय मान अथवा कैलोरी मान कहा जाता है। किसी भी ईंधन का शक्ति का पैमाना भी यही है। गोबर गैस का ऊष्मीय मान लकड़ी, कोयला, कोक तथा गोबर के कन्डो से भी अधिक होता है।

गोबर गैस संयंत्र जटिल संरचना नहीं है ...... गोबर किसी भी बंद आवरण में कीण्वन के फलस्वरूप गैसीय ईंधन उत्पन्न करता है। इसीलिए गोबर गैस संयंत्र में केवल डोम पाइप और टैंक दिखाई देते हैं। ये टैंक ज़मीन के अंदर भी बनाए जा सकते हैं। अतः हम कह सकते है कि गोबर से गैसीय ईंधन बनाने में ज़मीन के बर्बादी भी नहीं होती ..केवल स्लरी अथवा डोम को ढँका नहीं जा सकता। गोबर गैस बनाने पर जो स्लरी निकलती है वह भी खाद का एक रूप है। इसलिए गोबर को उर्जा का भंडार कहना अतिशयोक्ति नहीं है।

यदि 2 घनमीटर साइज का दीनबंधु बायोगैस संयंत्र बनाया जाए तो उसकी लागत लगभग 28000 रूपये आएगी। यह संयंत्र अनुरक्षण रहित भी होता है । यह विशिष्टता गोबर की है.............. ना की संयंत्र की। भारत में इतनी मात्रा में गोबर की उपलब्धता है कि उसके लगभग सवा करोड़ घरेलू बायोगैस संयंत्र बनाए जा सकते हैं।

गोबर के उर्जा स्रोत होने के कारण गोवंश जो भी ग्रहण करते हैं उसे पूर्णतः पचा नहीं पाते। गोवंश प्रायः घास ,भूसा अथवा अन्न ग्रहण करते हैं। यद्यपि ये ग्राह्य पदार्थ कार्बनिक अवयव हैं इसलिए गोबर में नाना प्रकार के तत्व पाए जाते हैं। गोबर गोवंश के पेट से बाहर आने के बाद वायु की अनुपस्थिति में सड़कर (किण्वन प्रक्रिया के बाद) गैसीय ईंधन बनता है। गोबर

वायु की उपस्थिति में जीवाणुओं तथा सूक्ष्म जीवों को पोषकता प्रदान करते हैं। गोबर किसी भी परिस्थिति में अपनी सक्रियता से मानवों को लाभान्वित करता रहता है।

ईंधन के दृष्टिकोण से गोवंश का पेट बायोगैस बेसिन है। गोबर गैस संयत्र को रिफ़ाइनरी की उपमा जी सकती है। गोबर में जल मिलाने पर भी उसकी सक्रियता बढ़ती है। कार्बनिक अपशिष्ट मिलाने पर गोबर अपना गुणधर्म अपशिष्ट को भेंट कर देता है। अर्थात गोबर अपशिष्ट को शिष्ट बना देता है। दूसरे शब्दों में गोबर निर्विरोध रूप से लोक कल्याणकारी द्रव्य है। विज्ञान के अनुसार संसार के सभी जीवों के मल में ऊर्जा है किंतु गोबर इसलिए विशिष्ट है क्योंकि यह संक्रामक नहीं है। मल संक्रामक है किंतु गोबर को संक्रामक ना कहकर अपितु से कल्याणकारी द्रव्य कहा जाता है।

उर्वरा का स्रोत

मानव बहुत चालाक है। वह अपने परिश्रम से अधिकाधिक लाभ कमाना चाहता है। कुछ दशक पहले खेती में पैदावार बढ़ने के लिए मानवों ने रसायन का सहारा लिया। उसने ऐसे रसायनों को खेत मे डाला जो पौधों को तीव्र गति से बढ़ने में मददगार थे। इन रसायनों से पौधों में तत्काल वृद्धि दिखलाई देती थी। किंतु ये रसायन मिट्टी का गुणधर्म बदल देते थे। रसायनों की अराजकता ने मिट्टी की उर्वरा शक्ति छीन ली। इस बात का ज्ञान मानवों को बहुत बाद में हुआ।

मानवों को बात बहुत देर में समझ में आया कि़ रसायनों से पैदावार बढ़ती ही है किंतु इससे –

- अन्न की गुणवत्ता कम हो जाती है।
- अन्न की पोषण शक्ति घाट जाती है।
- खेत की उर्वरा शक्ति कम हो जाती है।
- अन्न भोज्य पदार्थ होने के साथ साथ रोगजनक भी हो जाते हैं।

वर्तमान में मानव परंपरागत गोबर खाद की खेती को पुनः सम्मान देना प्रारंभ किया है। नवाचार दिखाने के लिए मानवों ने गोबर खाद से खेती के कार्य को **जैविक खेती** का नाम दे दिया है। अगर मानव इसे जैविक खेती ना कहकर पुरातन खेती कहे तभी माना जाएगा क़ि मानवों ने अपनी ग़लती मान ली है।

उर्वरक बनाने का काम गोबर सदियों से करता आया है। गोबर अन्य अपद्रव्यों के साथ मिलकर गौ–उर्वरक का निर्माण करता है। गौ–उर्वरक अर्थात गोबर से बना हुआ उर्वरक। यह उर्वरक भी पौधों को तीव्र गति से विकास करने में सहायता करते हैं......किंतु ये मानव स्वास्थ्य अथवा मिट्टी को नुकसान नहीं पहुँचाते। गोबर द्वारा बने उर्वरक मानवहितैषी तथा मिट्टी के अच्छे मित्र भी हैं।

गोबर आधारित उर्वरक मिट्टी मे मौजूद सूक्ष्म जीवाणुओं की जनसंख्या को तीव्र गति से बढ़ा देते हैं। गो–उर्वरक से मिट्टी ने स्थाई बदलाव देखा जाता है। भारतीय समाज में गोबर से उर्वरक बनाने की कुछ विधियाँ आज भी चलन में हैं। गोबर द्वारा निर्मित कुछ प्रमुख उर्वरक हैं –

- जीवामृत
- पंचगव्य
- केंचुआ खाद
- वर्मी वाश
- हरी खाद
- नाडेप
- सींग खाद (बी.डी500)
- सी.पी.पी (काऊ पैट पिट)
- गोबर गैस स्लरी खाद

वर्तमान में किसानों को प्राकृतिक खेती के लिए प्रेरित किया जा रहा है। ......बड़ी विचित्र बात है खेती के लिए भी प्राकृतिक शब्द

जुड़ने लगा है। यह नौटंकी कुछ साल पहले आई है। कुछ दशकों पहले हमने किसानों को रसायनिक खेती सिखाई। अब हम उनसे पुनः प्राकृतिक खेती के लिए कह रहे हैं.......सीधा–सीधा सिद्धांत यही होना चाहिए की खेती केवल प्राकृतिक तरीके से ही की जाए ....।

हैबर (वैज्ञानिक) चाचा ने बम के अविष्कार करते–करते खाद बना डाली..। ये बात बिल्कुल हजम नहीं होती ....। बम बनाने के विचार से केवल बम बनेगा.......................लोक कल्याण का पदार्थ नहीं बन सकता । पर्यावरण के दृष्टिकोण से रसायनिक खाद भी एक का प्रकार का बम ही है जो खेतों जैवविहीन बनाता हुआ उसे नष्ट कर रहा है।

हम भोजन पोषकता ग्रहण करने के लिए खाते है ....। भोजन से प्राप्त पोषक तत्व,विटामिन एवं फाइबर हमें विविध प्रकार से स्वस्थ बनाते हैं। हमें भोजन की मात्रा नहीं बल्कि उसकी गुणवत्ता पर ध्यान देना चाहिए.....। रसायनिक खाद हमें भोजन प्रदान कर रहे हैं किंतु रसायनिक खाद से उत्पन्न अन्न उतने पोषक नहीं है जितना हमें आवश्यक हैं।

आधुनिक समाज के कुछ लोग गोबर से हीन भावना रखते हैं किंतु गोबर खाद द्वारा उत्पन्न अन्न को विशेष तवज्जो देते हैं। उन्हे यह पता होता है कि विषमुक्त तथा परम शुद्ध अन्न केवल गोबर के सह उत्पाद गो–उर्वरक से प्राप्त हो सकता है। मानव गोबर से अपन स्नेह भले ही ना दिखाए किंतु मृदा गोबर के प्रति बहुत सम्मान रखता है।

मृदा से वनस्पतियों का उत्पादन, फिर वनस्पतियों का जीवों द्वारा ग्रहण फिर गोबर का पुनः मिट्टी से मिलन आदर्श संतुलन की स्थिति प्रदर्शित करता है।

गो–उर्वरक से मिट्टी में होने वाला सुधार		
मृदा में होने वाला भौतिक सुधार	**मृदा में होने वाला रासायनिक सुधार**	**मृदा में होने वाला जैविक सुधार**
वायु संचार का बढ़ना	पोषक तत्वों की मात्रा का बढ़ना	अच्छे जीवाणुओं की संख्या में बढ़ोत्तरी होना
जलधारण क्षमता बढ़ना	कार्बनिक पदार्थों की मात्रा बढ़ना	जीवाणुओं की क्रियाशीलता में बढ़ोत्तरी होना
मिट्टी घनत्व कम होना	आयनों को अधिशोषित करने की क्षमता बढ़ना	नाइट्रोजन का स्थिरीकरण करना
पौधों की जड़ों के विकास के लिए आसान मार्ग बनाना	पोटेशियम व फास्फोरस का अवशोषण होना	पौधों के लिए ज़रूरी आयनों का निर्माण करना
मृदा की मूल संरचना में सुधार करना	कैल्शियम, मैग्नीशियम, मैगनीज जैसे महत्त्वपूर्ण तत्वों के बढ़ोत्तरी होना	जीवाणुओं की निरंतर वृद्धि करना

मृदा **गोबर खाद** को अपना पोषणकर्ता मानता है। गोबर से उत्पन्न खाद अथवा उर्वरकों से निम्नलिखित कल्याणकारी परिवर्तन होते हैं। उपरोक्त सारणी से स्पष्ट होता है कि गोबर मृदा में

भौतिक,रासायनिक तथा जैविक सुधार कर देता है। गोबर की खाद को खाद ना कहकर "मृदा सुधार एवं उर्वरता प्रदायक द्रव्य" कहना उचित है क्योंकि गोबर मिट्टी को स्थाई रूप से स्वस्थ बना देता है ....। यदि मृदा को रसायनों का ग्रहण ना लगे तो उसकी उर्वरता कायम रहती है।

कीटनाशक : पौधों का चौकीदार

आजकल एक और भारी भरकम शब्द पढ़ने एवं सुनने को मिलता है – **"जीरो बजट प्राकृतिक खेती"**। जीरो बजट प्राकृतिक खेती वास्तव में पर्यावरण हितैषी कार्य है। किंतु हमें आश्चर्य होता है कि़ कृषिकर्म जैसा महान पर्यावरणीय कार्य से साथ प्राकृतिक तथा ज़ीरो बजट शब्द लगाने की ज़रूरत क्यों पड़ी ?........यद्यपि खेती तो प्राकृतिक कार्य है ही...........फिर भी हमें खेती को प्राकृतिक खेती क्यों कहना पड़ा ?

............चलिए प्राकृतिक खेती कह दिया अब ज़ीरो बजट प्राकृतिक खेती क्यों कहा जा रहा है ?.... इसका कारण हमें पता है। हमने कृषिकर्म में अपना रसायनिक तकनीक इस्तेमाल किया.......गोबर की अवहेलना की........कीटनाशकों का अंबार लगा दिया। हमें जब उसकी असलियत पता चली तो हम वापस जीरो बजट प्राकृतिक खेती की ओर मुड़ चले हैं। जब सूर्यादेव धूप तथा मृदा दोनो निःशुल्क पोषकता प्रदान कर रहे हैं तो रसायनों का क्या काम ?.... हमें केवल वरुणदेव से प्रार्थना करते रहना है क़ि वे खेत की नमीं बनाए रखे ....।

फिर भी इन तीनों के रहते हुए भी पैदावार नहीं हो पा रही है क्योंकि मृदा की उर्वर क्षमता कम हो गई है............ नहीं........ .... हमने मृदा से उसकी उर्वर क्षमता छीन ली है ....कैसे ??? . ...अरे ....रासायनिक खाद एवं उर्वरक से। हमें गोबर अथवा उसके उर्वर उत्पादों से मृदा को प्रदान कर प्रसन्न किए रखना था। लेकिन हमने रसायन पर अधिक विश्वास किया। बाद में रसायनों ने मृदा साथ छल किया। यही कारण है कि मृदा की उर्वर क्षमता घट गई।

गोबर अपने भाई गोमूत्र के साथ मिलकर कीटनाशक तैयार करता है। यह परम तत्व पौधों का चौकीदार है। यह उन कीड़े–मकौड़ों को मार डालता है जो पौधों की पत्तियाँ अथवा तने का भक्षण करते हैं। गौमूत्र व गोबर से **'जीवा अमृत'** तथा **'घना जीवा अमृत'** नामक कीटनाशक बनाया जा सकता है । ये दोनों द्रव्य पौधों के चौकीदार हैं। इनके रहते कीड़े–मकौड़े पौधों का बाल भी बांका नहीं कर पाते। जो लोग किसी कार्य के सही ढंग से ना होने पर ***गुड़–गोबर हो गया*** कहते हैं प्रायः उन्हें गुड़–गोबर का अर्थ मालूम नहीं होता। गुड़–गोबर का अर्थ है – गौ–कीटनाशक के अवयव।

सूक्ष्मजीवों का पोषक

मिट्टी की भी एक संसार है। इसमें भी अनगिनत सूक्ष्मजीव रहते हैं। इनकी संख्या करोड़ों में होती है। इन सूक्ष्मजीवों का भोजन कार्बनिक पदार्थ हैं। गोबर मिश्रित मिट्टी में सूक्ष्मजीवों को भोजन आसानी से मिल जाता है क्योंकि गोबर के छोटे–छोटे कण मिट्टी मे भलीभाँति मिल जाते हैं। नेत्र से ना दिखाई देने वाले अनगिनत सूक्ष्मजीव गोबर के भरोसे ही ज़िंदा रह पाते हैं। रासायनिक खाद सूक्ष्मजीवों का शत्रु है ..... रसायन के संपर्क में आते ही सूक्ष्मजीवों ख़त्म हो जाते हैं।

गोबर सूक्ष्मजीवों को केवल भोजन मुहैया नहीं कराता ....यह मृदा से रसायन मुक्त करने से भी मददगार है। गोबर बंजर बन चुके खेतों को भी उर्वर बना देता है। इस कार्य में यह सूक्ष्मजीवों की सहायता लेता है। गोबर रसायन के दुष्प्रभावों को भी न्यूनतम स्तर पर ला देता है। सूक्ष्मजीवों से पृथक एक जीव ऐसा भी है गोबर जिसका विशेष तौर पर देखभाल करता है। इस जीव का नाम है– केचुआ ।

अँग्रेज़ी में केचुआ "अर्थ वार्म" भी कहा जाता है। कितना विचित्र बात है कि इतना मित्रवतक एवं सेवाभाव रखने के बावजूद अँग्रेज़ी बोलने वाले इसे अर्थ वार्म कहते हैं। अर्थ वार्म कहना केचुए का अपमान है ....। इसे अर्थ फ्रैंड अथवा फार्मर फ्रैंड कहा जाए तो सही रहेगा।

गोबर युक्त मृदा में केंचुए भी खूब पनपते हैं। केचुओ को किसानों का मित्र कहा जाता है। केचुआ दिनभर में बार–बार खेत की मिट्टी मे घुसता और निकलता है। केचुओं को देखकर ऐसा प्रतीत होता है कि जैसे केंचुए खेतों की जुताई कर रहे हों। केचुए अवैतनिक बैलों की जोड़ी भी कहा जा सकता है। केचुए लगातार खेत की मिट्टी मे जुताई करते रहते हैं। केचुओं की उपस्थिति से

- खेतों की नमी अधिक समय तक बनी रहती है।
- पौधों की जड़ों का फैलाव बढ़ता है।
- खेतों का उपजाऊपन बढ़ता है।

केचुआ एक प्रकार का कृमि है जो लंबा, वर्तुलाकार, आकृति का होता है। इसके शरीर में फेफड़े नहीं होते। इसके शरीर में हड्डियाँ भी नहीं होती। मानवीय दृष्टि से केचुआ मूक–बधिर तथा अंधा भी होता है। दिव्यांग होते हुए भी ये इसकी कर्मठता और निष्ठा हमें अपनाने योग्य है। मैं तो इसे "केचुआ–देव" कहूँगा।

चित्रः किसानों का मित्र

हमारे पूर्वजों को भले ही केचुओं की महत्ता पता रही हो किन्तु केवल विज्ञान पर विश्वास करने वालों मानवों को 19वीं सदी के अंत में केचुओं की महत्ता का ज्ञान हुआ। सन 1881 में प्रसिद्ध जीव वैज्ञानिक चार्ल्स डार्विन ने अपना शोध दुनियां के सामने रखा। तब वैज्ञानिक की बात सुनकर सभी ने केचुओं को किसानों का मित्र मान लिया।

चित्र – खेतों को उर्वर बनाता हुआ केचुआ

इस सृष्टि में गोवंश ही ऐसा जीव है जिसके मल को मानव सबसे अधिक सम्मान देता है। बात केवल सम्मान की नहीं है........... । बात है.......उसे दैनिक जीवन में अपनाने की,.उसके गुणों को आत्मसात करने की। साधारण बोलचाल में हम गुड़–गोबर व गोबर–गणेश जैसे मुहावरे अक्सर बोला करते हैं। अज्ञानता के कारण लोग इसका नकारात्मक अर्थ मान लेते हैं........... । यह उनकी अज्ञानता है। किन्तु सत्य तो ये है कि हिंदुओं के अधिकांश मांगलिक कार्यक्रमों में गोबर अपना एक विशेष स्थान रखता है।

गोबर का इस्तेमाल भूमि लेपन में भी किया जाता है। भारत में ठोस गोबर से बनी महागौरी की प्रतिमा पूजन का भी विधि–विधान रहा है।

क्या करूँ मैं गोबर का

गोवंश द्वारा उत्पन्न गोबर को पूरा–पूरा इकठ्ठा न्हीं किया जा सकता। यदि भारत में उत्पन्न का गोबर का तीन चौथाई हिस्सा एकत्रित कर लिया जाए तो 200 गीगावाट बिजली तथा 250 लाख टन जैविक खाद बनाई जा सकती है। लेकिन शायद इसमें अभी भी कुछ समय लगे। हमें इकाई स्तर पर गोबर का सदुपयोग सीखना होगा। गोबर खाद अथवा ईंधन का इस्तेमाल हम कर ही रहे हैं। यदि हम गोबर का इस्तेमाल दैनिक जीवन की उपयोगी वस्तुओं को बनाने में करें तो हम गोबर से और भी लाभान्वित हो सकते हैं।

हमें अब गोबर आधारित उत्पाद निर्माण व्यवसाय प्रारंभ करना होगा तभी गोबर की उपयोगिता सिद्ध हो सकेगी। गोबर से हम निम्नलिखित उत्पाद बना सकते हैं –

गोकाष्ठ : गोबर से गोकाष्ठ भी बनाया जा सकता है। गोकाष्ठ का अर्थ है – गोबर से लकड़ी का निर्माण करना। यद्यपि लकड़ी को कृत्रिम तरीके ने नहीं बनाया जा सकता किंतु गोबर को साँचे में ढालकर लकड़ी का रूप दिया जा सकता है। गौकाष्ठ बनाने की प्रक्रिया बहुत सरल है......। यह एक प्रकार से गोबर कंडों का आधुनिक रूप है। इसे मैनुअल अथवा मशीन दोनों से बनाया जा सकता है। एक चार से पाँच फुट पतला बेलन रुपी साँचा होता है। इस सांचे में गोबर की कास्टिंग की जाती है। गोबर तीन से चार दिन में सूखकर ठोस बेलन के समान दिखाई देने लगता है। यदि बनाते समय गोबर में लैकमड मिलाया दिया जाए तो जाया तो और भी बेहतर ठोस ईंधन (गोकाष्ठ) तैयार हो जाती है।

गोबर–गमला : आजकल घरों में गमले लगाने का काफ़ी चलन है। लोग अपने घरों तथा बालकनी में सुंदरता बढ़ाने के लिए गमले लगाते हैं। गमले प्रायः पकी मिट्टी अथवा सीमेंट के होते हैं

यदि गोबर को साँचे में ढालकर गमला बना दिया जाए तो यह पर्यावरण हितैषी होगा। गोबर के गमले बनाते सके उसकी बाहरी सतह नमीं रोधी बनाया जाता है जिससे गमला जल के संपर्क में आकर टूट ना जाए। पौधों को पुनः रोपित करना आसान होना क्योंकि पुनः रोपित करने के दौरान पौधों को गमले से अलग करना आवश्यक नहीं होगा। पौधा पुनः रोपित करने के दौरान गमले को थोड़ा तोड़ दिया जाता है। इससे पौधे को अव्वल दर्जे की खाद भी मिलती रहेगी।

हमें नर्सरी में पौधा प्लास्टिक की थैली में नहीं अपितु गोबर गमला में लगाना सुनिश्चित करना होगा। हमें गोबर–गमला को मजबूत बनाने के लिए बालू अथवा मिट्टी को भी मिला सकते हैं। इससे गमले की आयु भी बढ़ जाती है।

गोबर निर्मित कूड़ादान : आज प्रत्येक घर में कूड़ादान है..। प्लास्टिक के ये कूड़ादान पर्यावरण के अनुकूल नहीं है। प्लास्टिक के कूड़ेदान पर्यवरण को नुक्सान पहुंचाते हैं। आजकल कलमदान अथवा कूड़ादान भी गोबर से बनाए जा रहे हैं। ये कूड़ेदान सस्ते एवं पर्यावरण हितैषी भी हैं।

स्टिकलेस अगरबत्ती : गोबर ऐसा द्रव्य है जो एंटीबैक्टीरियल गुणों से युक्त होता है। कुछ महत्वपूर्ण द्रव्यों के साथ इसका धुँआ वातावरण की अशुद्धियाँ दूर करता है। गोबर से बनाई जाने वाली कीट–पतंगों व मच्छरों को दूर रखती है। गोबर से बनी अगरबत्ती में स्टिक नहीं होती। यह शून्य अपशिष्ट वाली अगरबत्ती भी कही जाती है क्योंकि स्वच्छता के लिए इसकी राख का इस्तेमाल कर लिया जाता है।

एनर्जी केक : जिस प्रकार से गोबर के कंडे अथवा गोकाष्ठ बनाया जाता है। ठीक इसी प्रकार से गोबर से एनर्जी केक बनाया जाता है। यह प्रायः अंगीठी में जलाने के लिए इस्तेमाल किया जाता है। चूँकि इस ईंधन में कोयले जितना ऊष्मीय मान नहीं होता फिर भी यह भोजन पकाने के लिए पर्याप्त होता है। एनर्जी केक बनाने का

का तरीका भी वही है...। साँचे में भरना............और उसे सूखा देना। विशिष्ट आकार होने के कारण इसे इनर्जी केक कहा जाता है।

वैदिक पेंट : गोबर से बने पेंट को वैदिक पेंट कहते हैं। यह पर्यावरण हितैषी ,एंटी बैक्टीरियल, एंटी फंगल होता है। वैदिक पेंट की दीवार को धोया भी जा सकता है। वैदिक पेंट प्रायः प्राकृतिक पिगमेंट और रंग मिलाकर बनाया जाता है। ऑर्गेनिक वाइन्डर मिलाने से वैदिक पेंट के अंदर चिपकाने का गुण आ जाता है। यह पेंट कुछ तीन से चार घंटे में ही सूख जाता है। **वैदिक पेंट** गोबर का सबसे आधुनिक प्रयोग माना जा सकता है।

गोबर से पेपर निर्माण : आजकल गोबर से कागज बनाए जा रहे हैं। चूँकि गोबर की भी लुगदी जैसी भौतिक होती हैं इसलिए गोबर से कागज बनाना आसान होता है।

कागज बनाने की परंपरागत विधि में लकड़ी से पहले लुगदी बनाई जाती है। गोबर से कागज बनते समय लुगदी बनाने का खर्च बच जाता है। नेशनल हैंडमेड पेपर इंस्टीट्यूट में गोबर से पेपर बनाया जाता है। गोबर से बनाए गये पेपर में उच्य गुणवत्ता होती है।

गोबर उत्पाद निर्माण के विविध व्यवसाय : गोबर से नाना प्रकार के उत्पाद तैयार किए जा सकते हैं। गोबर उत्पादों का मार्केट लगातार बढ़ता जा रहा है। लोग इको फ्रैंडली उत्पादों में अपनी रूचि दिखा रहे हैं। साथ ही साथ गोबर उत्पादों की गुणवत्ता भी ग्राहकों को संतुष्ट कर रही है।

गोबर व्यवसाय की असीम संभावनाएँ है.....। उदाहरण के तौर पर– यदि गोबर से कागज बनाया जा सकता है तो थैला अर्थात शॉपिंग बैग भी बनाया जा सकता है। आयुर्वेद में गोबर का प्रयोग औषधि के रूप में किया जाता है। गोबर से विभिन्न प्रकार के सजावट के सामान, मूल्यवर्धित वस्तुएं तथा घरेलू वस्तुएँ बनाए जा सकते हैं। निर्भर यह करता है क़ी हम गोबर से क्या बनाना चाहते हैं ....। एक सक्रिय एवं उपयोगी द्रव्य के रूप में गोबर हमें ये अवसर देता है कि हम उससे क्या बनाएँ !!!!!

तुम्हारे भरोसे...

हम भले ही चाँद पर पहुँच जाएँ किंतु हमें रोटी खेत ही प्रदान करेंगे। हाइड्रोपोनिक खेती से दुनिया का पेट नहीं भर सकता है। हमें कृषि कर्म से भाग नहीं सकते। आज खेत रोगी होते जा रहे हैं...। रसायन इन्हें लगातार घायल कर रहा है......। हमें खेत के घावों को भरना होगा......खेतों को रसायन विहीन करना होगा .....ये कार्य प्राकृतिक तरीके से होगा। ये कार्य गोबर ही कर सकता है। गोबर खाद में प्रकृति प्रदत्त रसायन मौजूद हैं। कितनी अद्‌भुत बात है कि गोबर में नाइट्रोजन फास्फोरस तथा पोटाश तत्वों की मात्रा सर्वाधिक हैं।

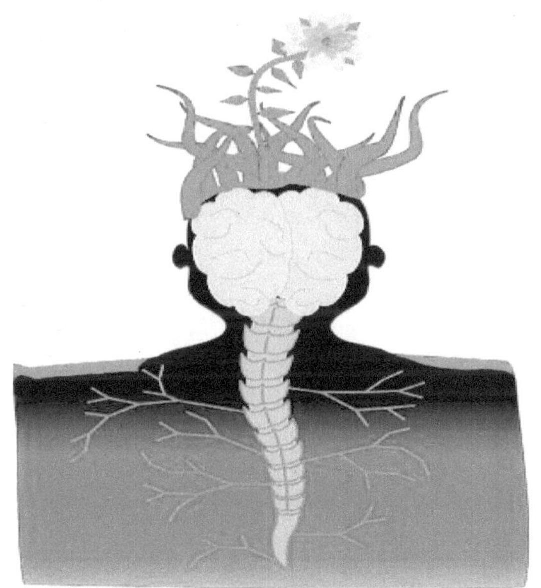

गोबर मिट्टी में विलीन होकर लाखों टन नाइट्रोजन फास्फोरस तथा पोटाश जैसे तत्वों को मृदा को सुपुर्द कर देता है। कुछ पर्यावरणविदों का मानना है कि गोबर का इस्तेमाल हमें खाद के रूप में ही करना चाहिए। ठोस ईंधन बनाकर इस्तेमाल करने के

गोबर के अंदर के बहुमूल्य उर्वर तत्व नष्ट हो जाते हैं ...... राख में ये तत्व नहीं मिल पाते।

अब हम जान चुके हैं कि हमारा स्वास्थ्य काफ़ी हद तक जैविक खेती पर निर्भर है। क्योंकि रसायनिक खाद से उत्पन्न अन्न हमें शनैः शनैः दुष्प्रभाव पहुँचाता रहता है। अप्रत्यक्ष रूप से हमारे भोज्य पदार्थों के उत्पादन की ज़िम्मेदारी गोबर पर है.....। गोबर निर्छल भाव से पोषकता युक्त अन्न उगाने में सहायता करता है। गोबर की संगति में पौधे तथा सूक्ष्मजीव दोनों प्रसन्न होकर विकास करते रहते हैं।

हमें अब गोबर को जलावन के रूप इस्तेमाल करने से बचना होगा। वैसे गोबर **गोबर गैस** के रूप में खाद और ईंधन दोनों प्रदान करने में सक्षम है। अतः हमें ठोस ईंधन बनाने की परंपरा में लघु बदलाव लाना होगा। ये आर्थिक दृष्टि हमें और भी लाभान्वित करेगी।

धन्यवाद श्री गोबर जी

गोबर को धन्यवाद देना आवश्यक है। गोबर स्वयं भस्म होकर हमारे पूर्वजों का भोजन पकाया......। मिट्टी में विलीन होकर उसकी उर्वरता बढ़ाई.......। हमें गोबर ने सुचिता सिखाया......स्वच्छता का महत्त्व बताया.......।

गोबर निर्जीव होते हुए भी हमारा गुरु है। गोबर ने समय–समय पर अपने रूप को बदला और हमें लाभान्वित किया। गोबर गैस के रूप में गोबर पर्यावरण संरक्षण का महान संदेश देता है। गोबर अपनी नमीं विरक्त करके ठोस लकड़ी बन जाता है तथा अपनी संगति में सूखी वनस्पतियों को भी खाद अथवा ईंधन में परिवर्तित कर देता है। गोबर एक कच्चे पदार्थ के रूप में व्यवसाय के अनेकों संभावनाएं प्रकट करता है।

स्वावलंबन का गुण भी शायद हमें गोबर ने प्रदान किया है। कृषि कर्म पशुपालन और जीविकोपर्जन का केंद्र बिंदु गोबर ही है। गोबर खाद को "मृदा सुधार एवं उर्वरता प्रदायक द्रव्य" को संज्ञा मिल जानी चाहिए। गोबर मल नहीं अपितु परम सक्रिय तत्वों का मिश्रण है जो नाना प्रकार से मानवों को लाभान्वित कर सकता है।

किसी को गोबर अथवा गोबर बुद्धि कहना उसका अपमान नहीं अपितु गोबर कहने से उसका सम्मान बढ़ जाता है.......क्योंकि गोबर बनने का मतलब है कल्याणकारी बनना। गोबर निर्छल भाव से समस्त जैविक अथवा अजैविक इकाइयों को लाभ पहुँचाता है। इस कार्य में वह महानिर्वाण को प्राप्त हो जाता है ....राख बनाने के बावजूद भी गोबर हमें सुचिता का पाठ पढ़ाता है।

हम शायद परमसृष्टा द्वारा रचित इस प्रकृति के स्वयंभू अपशिष्ट अर्थात गोबर के विज्ञान को नहीं समझ पाएंगे..............। हम क्या चाहते हैं........? और प्रकृति क्या करना चाहती है.......? इसमें विरोधाभाष हो सकता है। लेकिन एक बात तो तय हो ही चुकी है कि गोबर को प्रकृति का अमूल्य द्रव्य मानना ही मानवों के लिए हितकारी होगा। मल के प्रति घृणा भावना और स्पर्शयता हमें नर्क के रास्ते पर ले जाएगी।

www.ingramcontent.com/pod-product-compliance
Lightning Source LLC
LaVergne TN
LVHW041000150826
845672LV00002B/798

* 9 7 9 8 8 8 8 4 9 7 8 7 6 *